Glaces et sorbets

ROMAIN PAGES ÉDITIONS

Sommaire

Glaces et sorbets

par **Cécile LE HINGRAT**
Photographies : Jean-Pierre DUVAL

ROMAIN PAGES ÉDITIONS

Introduction

Les desserts glacés ne datent pas d'hier. Néron était déjà grand amateur de fruits écrasés, parfumés de miel et mélangés à de la neige ! Plus tard, au XIIIe siècle, Marco Polo rapporta de Chine l'invention de la sorbetière : on faisait alors couler un mélange de neige et de salpêtre sur les parois extérieures de récipients remplis de sirop. Au XVIe siècle, la mode des sorbets s'étendit à toute l'Europe. Le sorbet est alors toujours composé d'eau, de sucre et de purée de fruits, mais on peut trouver des variantes à base d'infusions, ou même de vins et d'alcools fins. Quant aux glaces, elles intègrent les produits laitiers tels que la crème, le lait, ou plus récemment, les yaourts.

Contrairement aux idées reçues, les glaces et sorbets peuvent être salés. Une petite boule de sorbet tomate et basilic constituera une entrée estivale agréable et rafraîchissante.

Laissez-vous guider et apprenez les multiples façons de déguster glaces et sorbets, ainsi que l'art de choisir les gourmandises pour les accompagner…

Cet ouvrage vous fera découvrir :
- les glaces et crèmes glacées, fabriquées à base de crème anglaise additionnée ou non de crème fraîche ;
- les sorbets, confectionnés avec des fruits crus mais aussi des fruits cuits, mélangés à un sirop ;
- les glaçons (ou glaces à l'eau), mélange d'eau et de sirop ou de jus de fruit mis directement à congeler (sans l'action d'une sorbetière) ;
- les granités qui, comme les glaçons, ne nécessitent pas de sorbetière mais doivent être grattés.

Choix de la sorbetière

Il existe trois types de sorbetières, avec des systèmes de réfrigération plus ou moins complexes :
- *la sorbetière simple*, composée d'une turbine et d'un bac, à placer au congélateur pendant son fonctionnement ;
- *la sorbetière à accumulation*, qui fonctionne avec un disque ou un bac réfrigéré que l'on place à l'avance au congélateur pour que le froid se répande au moment du turbinage ;
- *la sorbetière autonome*, appelée *turbine*, qui dispose de son propre système de réfrigération.

Le choix de la sorbetière dépendra de l'usage plus ou moins occasionnel que l'on souhaitera en faire, la turbine étant beaucoup plus chère que la sorbetière simple.

Les programmes dépendent de chaque sorbetière : reportez-vous au mode d'emploi. Nous avons indiqué pour chaque recette : « Versez la préparation dans une sorbetière et enclenchez le programme adéquat. » Ce programme peut durer plusieurs heures, à l'issue desquelles nous vous conseillons de transvaser la glace obtenue dans le récipient de votre choix (ou de la laisser dans la sorbetière si celle-ci le permet) et de la placer au congélateur pendant trois heures.

Et si l'on ne veut pas d'une sorbetière ?

Vous pouvez tout à fait réaliser des glaces sans sorbetière ! Cela vous prendra plus de temps et vous devrez mélanger la glace manuellement plusieurs fois : une première fois au bout d'une heure, puis toutes les 1 h 30 jusqu'à obtention d'une glace.

Astuces

Pour une glace bien crémeuse

Vous pouvez ajouter à votre préparation :
- un peu de fécule de maïs (type Maïzena) à votre crème anglaise, en même temps que les œufs ;
- du miel à la place du sucre ;
- un blanc d'œuf monté en neige pendant le turbinage.

Si vous préférez le lait entier au lait demi-écrémé, la glace sera plus crémeuse, plus savoureuse et également plus riche.
En règle générale, plus la glace est riche en eau, plus elle sera dure et aura tendance à cristalliser. Séchez donc bien les fruits avant de les ajouter.

Pour que la glace prenne bien

Veillez à ce que la préparation soit bien fraîche avant de la turbiner.

Pour ne pas rater une crème anglaise

On le sait, lorsqu'elle bout, c'est raté ! Tout n'est pas perdu pour autant : vous pouvez récupérer la crème anglaise en la mixant quelques minutes ou en la versant au plus vite dans une bouteille bien fermée que vous secouerez énergiquement. Replacez-la ensuite dans un récipient froid, elle devrait retrouver sa fluidité.
Pour éviter ces désagréments, ajoutez un peu de fécule de maïs (type Maïzena) aux œufs, cela empêchera la crème anglaise de faire des grumeaux au cours de la cuisson.

Attention !

Les glaces et les sorbets s'altèrent au bout de quelques semaines : ils perdent de leur arôme et cristallisent. Il est conseillé de les conserver au congélateur à -18 °C. Consommez-les donc rapidement, ne les confectionnez pas en trop grande quantité… ou invitez beaucoup d'amis à les déguster !

Afin d'en apprécier toutes les saveurs et les textures, sortez la glace du congélateur 10 à 15 minutes avant de la servir. Elle doit être replacée au congélateur immédiatement après le service pour qu'elle ne cristallise pas.

Bienfaits des sorbets et des glaces

Les sorbets, riches en fruits, nous apportent vitamines, fibres, minéraux et antioxydants, qui aident notre corps à se régénérer et à lutter contre les agressions extérieures.

Les glaces et les crèmes glacées sont aussi d'excellents produits laitiers qui nous fournissent une grande quantité de calcium.

Alors laissez aller votre imagination et inventez vous-même des associations de saveurs et de textures !

Ingrédients

- 600 g de tomates fraîches
- 20 g de sucre
- 1 blanc d'œuf
- ¼ de bouquet de basilic
- sel, poivre

PERSONNES : 6
PRÉPARATION : 10 MN
CUISSON : 5 MN

Pain d'aubergine :

- 1 kg d'aubergines
- 4 œufs
- 2 oignons
- 30 cl de crème fraîche épaisse
- 1 gousse d'ail
- 1 pincée de cumin en poudre
- beurre pour le moule
- 2 cuillères à soupe d'huile d'olive
- sel, poivre

PERSONNES : 6 À 8
PRÉPARATION : 10 MN
CUISSON : 45 MN

Sorbet tomate basilic

1 . Mondez les tomates : portez une casserole d'eau à ébullition (l'eau doit pouvoir recouvrir entièrement les tomates), plongez les tomates une petite minute dans l'eau bouillante puis passez-les immédiatement sous l'eau froide. Pelez les tomates, coupez-les en deux et retirez les pépins. Réservez au frais.

2 . Dans une casserole, faites chauffer le sucre avec 60 centilitres d'eau. Retirez du feu au premier bouillon et laissez tiédir à température ambiante pendant une heure.

3 . Montez le blanc d'œuf en neige ferme avec une pincée de sel, réservez. Hachez la moitié du basilic.

4 . Incorporez au sirop la pulpe de tomate, le blanc en neige et le basilic haché. Poivrez et mélangez bien.

5 . Versez la préparation dans une sorbetière et enclenchez le programme adéquat. Transvasez le sorbet obtenu dans le récipient de votre choix et placez au congélateur pendant au moins 3 heures.

6 . Servez, par exemple, parsemé du reste de feuilles de basilic hachées, sur une tranche de pain d'aubergine.

Pain d'aubergine

1 . Préchauffez le four à 180 °C (thermostat 6). Épluchez et émincez les oignons, épluchez et écrasez la gousse d'ail, pelez les aubergines et coupez-les en petits cubes.

2 . Faites revenir les aubergines dans l'huile d'olive avec les oignons émincés. Ajoutez l'ail écrasé. Laissez cuire jusqu'à ce que les aubergines soient tendres.

3 . Mixez les légumes. Hors du feu, ajoutez les œufs, la crème fraîche épaisse, le cumin en poudre, salez et poivrez. Versez le tout dans un moule à cake beurré. Faites cuire au four, dans un bain-marie, pendant 45 minutes.

Ingrédients

- 25 cl de jus de clémentine
- 2 cuillères à café de sucre
- 1 cuillère à soupe de feuilles d'estragon
- le jus d'½ citron

PERSONNES : 6
PRÉPARATION : 10 MN
CUISSON : 10 MN

Tartare de saumon :

- 600 g de filet de saumon frais
- le jus d'1 citron
- 3 cuillères à soupe d'huile d'olive
- sel, poivre

PERSONNES : 6
PRÉPARATION : 10 MN

Sorbet clémentine à l'estragon

1 . Nettoyez puis ciselez les feuilles d'estragon.

2 . Dans une casserole, faites dissoudre le sucre avec le jus de clémentine.

3 . Hors du feu, ajoutez l'estragon et le jus de citron. Laissez refroidir à température ambiante puis placez au réfrigérateur pendant une bonne heure.

4 . Versez la préparation dans une sorbetière et enclenchez le programme adéquat. Transvasez la glace obtenue dans de petits récipients de la forme de votre choix et placez au congélateur pendant au moins 3 heures.

5 . Servez accompagné d'un tartare de saumon.

Tartare de saumon

1 . Coupez le filet de saumon en petits dés.

2 . Arrosez-les d'huile d'olive. Salez et poivrez généreusement.

3 . Laissez reposer au frais au moins deux heures.

4 . Quelques minutes avant de servir, arrosez de jus de citron.

Glace avocat, crevette et saumon fumé

Ingrédients

- 2 gros avocats
- ½ yaourt brassé
- quelques brins de coriandre fraîche
- quelques gouttes de Tabasco
- 2 cuillères à soupe de jus de citron
- sel, poivre

Accompagnement :

- 6 tranches de saumon fumé
- 24 belles crevettes
- quelques brins de coriandre fraîche

PERSONNES : 6
PRÉPARATION : 10 MN

1 . Pelez les avocats, coupez-les en deux et ôtez le noyau. Coupez la pulpe en gros cubes. Nettoyez puis ciselez la coriandre.

2 . Mettez les cubes d'avocats, le jus de citron, le yaourt, le Tabasco, le sel et le poivre dans le bol d'un mixeur. Faites tourner l'appareil quelques minutes jusqu'à obtention d'une purée très fine.

3 . Versez la préparation dans une sorbetière et enclenchez le programme adéquat. Transvasez la glace obtenue dans une terrine et placez au congélateur pendant au moins 3 heures.

4 . Au moment de servir, disposez une boule dans chaque assiette, entourez-la de quatre crevettes, de saumon fumé et de feuilles de coriandre.

Un peu de culture...

L'avocat est très calorique (140 kilocalories pour 100 grammes). Il est particulièrement riche en lipides mono-insaturés, favorables au bon fonctionnement de l'appareil cardiovasculaire et à la circulation du sang. Sa teneur en vitamines B et E permet de lutter efficacement contre le vieillissement.

Trucs et astuces

Lors de l'achat, choisissez de préférence un avocat dur : c'est un signe de fraîcheur. En effet, il ne mûrit qu'une fois cueilli, au contact de l'éthylène, gaz présent dans l'air. Si vous souhaitez le faire mûrir plus vite, stockez-le avec des bananes ou des pommes, elles produisent naturellement ce gaz. En revanche, ne le placez jamais près des agrumes qui le font noircir. Évitez d'ouvrir l'avocat trop tôt car il s'oxyde à l'air. Pour éviter cela, badigeonnez-le de jus de citron.

Ingrédients

- 300 g d'olives noires dénoyautées
- 4 filets d'anchois à l'huile
- 2 cuillères à soupe de tomates séchées
- 1 cuillère à soupe de câpres au vinaigre
- 1 gousse d'ail
- poivre

PERSONNES : 6 À 8
PRÉPARATION : 10 MN

Soupe froide de poivron :

- 4 poivrons
- 2 tomates
- 2 cuillères à café de curry en poudre
- 50 cl de bouillon de poule
- 30 cl de crème fraîche liquide
- sel, poivre

PERSONNES : 6 À 8
PRÉPARATION : 20 MN
CUISSON : 35 MN

Granité à la tapenade

1 . Mettez les olives, les filets d'anchois, les tomates séchées, les câpres et 20 centilitres d'eau dans le bol d'un mixeur. Épluchez la gousse d'ail et écrasez-la avant de l'ajouter au mélange. Faites tourner l'appareil quelques minutes jusqu'à obtention d'une purée fine. Poivrez.

2 . Versez dans un récipient assez ouvert, afin de pouvoir ensuite en gratter facilement la surface, placez au congélateur pendant 1 h 30 environ. Grattez la préparation à l'aide d'une fourchette et remettez au congélateur. Après 30 minutes, répétez cette opération.

3 . Servez dans de petits verres, accompagnés de soupe froide de poivron.

Soupe froide de poivron

1 . Mondez les tomates : portez une casserole d'eau à ébullition (l'eau doit pouvoir recouvrir entièrement les tomates), plongez les tomates une petite minute dans l'eau bouillante puis passez-les immédiatement sous l'eau froide. Pelez les tomates, coupez-les en deux et retirez les pépins. Réservez au frais.

2 . Lavez les poivrons, mettez-les dans un plat à four. Faites-les griller au four (position gril) environ 30 minutes : retournez-les de temps en temps jusqu'à ce que la peau devienne noire. Placez-les 15 minutes dans un sac plastique alimentaire fermé, cela facilitera l'épluchage car la vapeur d'eau reste prisonnière et aide à décoller la peau. Pelez ces poivrons grillés et épépinez-les.

3 . Mixez les poivrons, les tomates, la crème fraîche liquide et le bouillon de poule. Ajoutez le curry, salez et poivrez. Dégustez frais.

Ingrédients

- 120 g de sucre
- 6 jaunes d'œufs
- 2 gousses de vanille
- 10 cl de crème fraîche épaisse
- 40 cl de lait

POUR 50 CL DE GLACE
PRÉPARATION : 15 MN
CUISSON : 20 MN ENVIRON

Crumble poire chocolat :

- 8 poires
- 100 g de chocolat noir
- 100 g de farine
- 100 g de sucre
- 100 g de beurre
- 50 g de pignons de pin
- 50 g de poudre d'amandes

PERSONNES : 6
PRÉPARATION : 15 MN
CUISSON : 45 MN

Glace vanille

1 . Fendez les gousses de vanille en deux dans le sens de la longueur, grattez les graines avec la pointe du couteau.

2 . Dans une casserole, versez le lait, ajoutez les gousses fendues et leurs graines, portez à ébullition.

3 . Préparez une crème anglaise : dans un grand bol, battez les jaunes d'œufs avec le sucre jusqu'à ce que le mélange blanchisse. Versez le lait bouillant peu à peu tout en continuant de fouetter. Remettez à cuire à feu doux tout en remuant en 8 avec une cuillère en bois. Faites cuire à la nappe : sur la cuillère nappée de crème, le doigt passé laisse une marque nette.

4 . Débarrassez dans un saladier, ajoutez la crème fraîche épaisse et mélangez bien. Laissez refroidir à température ambiante puis placez au réfrigérateur pendant une heure ou deux.

5 . Versez la préparation dans une sorbetière et enclenchez le programme adéquat. Transvasez la glace obtenue dans le récipient de votre choix et placez au congélateur pendant au moins 3 heures.

Crumble poire chocolat

1 . Préchauffez le four à 180 °C (thermostat 6). Mélangez le beurre, le sucre, la poudre d'amandes et la farine du bout des doigts jusqu'à obtention d'un crumble. Concassez les pignons de pin et ajoutez-les au crumble.

2 . Pelez les poires et coupez-les en morceaux de taille moyenne. Disposez-les dans un plat à four. Faites cuire au four à 180 °C (thermostat 6) pendant 30 minutes environ.

3 . Sortez du four et ajoutez le chocolat noir cassé en carreaux. Parsemez de crumble. Faites cuire au four à 210 °C (thermostat 7), pendant 15 minutes environ.

Glace chocolat au lait

Ingrédients

- 250 g de chocolat au lait
- 4 jaunes d'œufs
- 100 g de sucre
- 50 cl de lait
- 20 cl de crème fraîche liquide

POUR 75 CL DE GLACE
PRÉPARATION : 20 MN
CUISSON : 20 MN

1 . Dans une casserole, faites bouillir le lait avec le chocolat préalablement cassé en morceaux.

2 . Préparez une crème anglaise : dans un grand bol, battez les jaunes d'œufs avec le sucre jusqu'à ce que le mélange blanchisse. Versez le lait bouillant peu à peu tout en continuant de fouetter. Remettez à cuire à feu doux tout en remuant en 8 avec une cuillère en bois. Faites cuire à la nappe : sur la cuillère nappée de crème, le doigt passé laisse une marque nette.

3 . Débarrassez dans un saladier. Laissez refroidir à température ambiante puis placez au réfrigérateur pendant une heure ou deux.

4 . Préparez une chantilly non sucrée avec la crème fraîche liquide (voir page 68). Incorporez délicatement la chantilly à la crème anglaise.

5 . Versez la préparation dans une sorbetière et enclenchez le programme adéquat. Transvasez la glace obtenue dans le récipient de votre choix et placez au congélateur pendant au moins 3 heures.

Variez les plaisirs !

Chocolat chaud, noix de coco en poudre, amandes grillées, noisettes concassées, éclats de caramel, copeaux de chocolat de toutes sortes... sont autant de façons d'agrémenter cette glace chocolat. Laissez aller votre imagination !

Ingrédients

- 250 g de chocolat noir
- 80 g de sucre
- 3 jaunes d'œufs
- 50 g d'amandes ou de noisettes concassées
- 2 cuillères à soupe de cacao amer
- 30 cl de lait
- 15 cl de crème fraîche liquide

POUR 8 ESQUIMAUX
PRÉPARATION : 20 MN
CUISSON : 15 MN

Esquimaux double chocolat

1 . Faites fondre 200 g de chocolat noir dans le lait puis faites bouillir le mélange.

2 . Préparez une crème anglaise au chocolat : dans un grand bol, battez les jaunes d'œufs avec le sucre jusqu'à ce que le mélange blanchisse. Versez le lait au chocolat bouillant peu à peu tout en continuant de fouetter. Remettez à cuire à feu doux tout en remuant en 8 avec une cuillère en bois. Faites cuire à la nappe : sur la cuillère nappée de crème, le doigt passé laisse une marque nette.

4 . Débarrassez dans un saladier et laissez refroidir à température ambiante puis placez au réfrigérateur pendant une heure ou deux.

5 . Préparez une chantilly non sucrée avec la crème fraîche liquide (voir page 68). Concassez grossièrement les 50 g de chocolat restants. Ajoutez la chantilly et le chocolat concassé à la crème anglaise.

6 . Versez la préparation dans une sorbetière et enclenchez le programme adéquat. Remplissez des moules à esquimaux et placez au congélateur pendant au moins une heure.

7 . Démoulez les esquimaux 5 minutes avant de servir et roulez-les dans un mélange de cacao amer et d'amandes concassées.

Un peu de culture...

Quoi qu'on en dise, la consommation de chocolat nous est bénéfique ! Il contient plusieurs substances susceptibles d'avoir des effets psychostimulants, voire antidépresseurs et relaxants. Il est aussi très riche en minéraux : magnésium, calcium, fer, phosphore... et nous apporte des antioxydants (vitamine E), impliqués dans le ralentissement du processus de vieillissement.

Ingrédients

- 4 cuillères à soupe de café soluble
- 200 g de sucre
- 6 jaunes d'œufs
- 50 cl de lait
- 20 cl de crème fraîche liquide

POUR 75 CL DE GLACE
PRÉPARATION : 15 MN
CUISSON : 20 MN

Café liégeois :

- 2 boules de glace vanille (voir page 14)
- 2 boules de glace café
- 2 cuillères à soupe de granité au café (voir page 80)
- 20 cl de café froid
- 15 g de sucre
- 10 cl de crème fraîche liquide
- 16 g de cacao amer

PERSONNES : 2
PRÉPARATION : 10 MN

Glace café

1 . Dans une casserole, mélangez le lait au café soluble et faites bouillir le tout.

2 . Préparez une crème anglaise au café : dans un grand bol, battez les jaunes d'œufs avec le sucre jusqu'à ce que le mélange blanchisse. Versez le café au lait bouillant peu à peu tout en continuant de fouetter. Remettez à cuire à feu doux tout en remuant en 8 avec une cuillère en bois. Faites cuire à la nappe : sur la cuillère nappée de crème, le doigt passé laisse une marque nette.

3 . Débarrassez dans un saladier. Laissez refroidir cette crème à température ambiante puis placez-la au réfrigérateur pendant une heure ou deux.

4 . Préparez une chantilly non sucrée avec la crème fraîche liquide (voir page 68). Incorporez délicatement la chantilly à la crème anglaise.

5 . Versez la préparation dans une sorbetière et enclenchez le programme adéquat. Transvasez la glace obtenue dans le récipient de votre choix et placez au congélateur pendant au moins 3 heures.

Café liégeois

1 . Préparez une chantilly non sucrée avec la crème fraîche liquide (voir page 68). Ajoutez le sucre et fouettez encore un peu.

2 . Répartissez le café froid au fond des coupes à glace. Ajoutez le granité au café.

3 . Disposez une boule de glace vanille et une boule de glace café. Ajoutez de la crème Chantilly et saupoudrez de cacao amer.

Ingrédients

- 30 g de pâte de noisettes (magasins bio)
- 100 g de sucre
- 4 jaunes d'œufs
- 1 gousse de vanille
- 50 cl de lait
- 100 g de crème fraîche liquide

Noisettes caramélisées :

- 100 g de sucre
- 100 g de noisettes

POUR 75 CL DE GLACE
PRÉPARATION : 10 MN
CUISSON : 20 MN

Coupes en chocolat :

- 300 g de chocolat noir
- huile neutre

POUR 6 COUPES
PRÉPARATION : 10 MN
CUISSON : 5 MN

Glace noisette

1 . Préparez les noisettes caramélisées : faites griller les noisettes sur une plaque à four (position gril) pendant 5 minutes. Frottez-les pour les débarrasser de leur peau. Disposez-les dans une poêle avec le sucre et 3 centilitres d'eau. Faites caraméliser 5 à 10 minutes, en surveillant bien que le mélange ne durcisse pas.

2 . Fendez la gousse de vanille en deux dans le sens de la longueur, grattez les graines avec la pointe du couteau. Dans une casserole, portez le lait à ébullition avec la gousse et ses graines.

3 . Préparez une crème anglaise : dans un grand bol, battez les jaunes d'œufs avec le sucre jusqu'à ce que le mélange blanchisse. Versez le lait bouillant peu à peu tout en continuant de fouetter. Ajoutez la pâte de noisettes et remettez à cuire à feu doux tout en remuant en 8 avec une cuillère en bois. Faites cuire à la nappe : sur la cuillère nappée de crème, le doigt passé laisse une marque nette.

4 . Débarrassez dans un saladier et ajoutez la crème fraîche liquide. Laissez refroidir puis placez au réfrigérateur une bonne heure.

5 . Versez la préparation dans une sorbetière et enclenchez le programme adéquat. Ajoutez les noisettes caramélisées 2 minutes avant la fin du programme. Transvasez la glace obtenue dans le récipient de votre choix et placez au congélateur pendant au moins 3 heures.

Coupes en chocolat

1 . Choisissez des bols de la forme souhaitée et enveloppez-les, à l'extérieur, de papier d'aluminium. Huilez le papier à l'aide d'un pinceau.

2 . Faites fondre le chocolat, au bain-marie, avec 5 centilitres d'eau. Badigeonnez généreusement au pinceau le papier d'aluminium de chocolat fondu. Laissez refroidir le tout 15 minutes au réfrigérateur avant de détacher les coupes en chocolat.

Ingrédients

- 200 g de chocolat blanc
- 100 g de sucre
- 4 jaunes d'œufs
- 50 cl de lait

POUR 75 CL DE GLACE
PRÉPARATION : 15 MN
CUISSON : 20 MN

Sablés glacés à la fraise :

- 20 cl de glace au chocolat blanc
- 150 g de fraises gariguettes (les plus petites)
- 8 sablés *shortbread* (ou palets bretons ou sablés)

POUR 4 PERSONNES
PRÉPARATION : 10 MN

Glace chocolat blanc

1 . Faites bouillir le lait dans une casserole.

2 . Préparez une crème anglaise : dans un grand bol, battez les jaunes d'œufs avec le sucre jusqu'à ce que le mélange blanchisse. Versez le lait bouillant peu à peu tout en continuant de fouetter. Remettez à cuire à feu doux tout en remuant en 8 avec une cuillère en bois. Faites cuire à la nappe : sur la cuillère nappée de crème, le doigt passé laisse une marque nette.

3 . Débarrassez dans un saladier. Laissez refroidir à température ambiante puis placez au réfrigérateur pendant une heure ou deux.

4 . Détaillez le chocolat blanc en copeaux à l'aide d'un couteau économe.

5 . Versez la préparation dans une sorbetière et enclenchez le programme adéquat. Ajoutez les copeaux de chocolat 5 minutes avant la fin du programme.

6 . Transvasez la glace obtenue dans le récipient de votre choix et placez au congélateur pendant au moins 3 heures.

Sablés glacés à la fraise

1 . Formez 4 petites boules de glace chocolat blanc et laissez-les légèrement ramollir.

2 . Nettoyez les fraises et équeutez-les.

3 . Posez une boule de glace chocolat blanc sur un sablé. Placez des fraises sur la glace ramollie, en les recoupant si elles sont trop grosses.

4 . Déposez un second sablé par-dessus et appuyez légèrement afin que la glace s'étale. Formez ainsi quatre sablés glacés.

5 . Placez au congélateur au moins 2 heures.

Ingrédients

- 60 g de noix de coco en poudre
- 40 cl de lait de coco
- 35 cl de lait concentré sucré

POUR 75 CL DE GLACE
PRÉPARATION : 5 MN

Mini-boules chocolat et coco :

- 60 cl de glace noix de coco
- 24 biscuits Mikado ou pics en bois
- 50 g de pralin
- 50 g de noix de coco en poudre

POUR : 24 MINI-BOULES
PRÉPARATION : 10 MN

Glace noix de coco

1 . Dans un grand saladier, mélangez le lait de coco, le lait concentré sucré et la noix de coco râpée.

2 . Versez la préparation dans une sorbetière et enclenchez le programme adéquat. Transvasez la glace obtenue dans le récipient de votre choix et placez au congélateur pendant au moins 3 heures.

Mini-boules chocolat et coco

1 . À l'aide d'une petite cuillère, confectionnez vingt-quatre mini-boules de glace noix de coco.

2 . Roulez ces mini-boules de glace dans la noix de coco en poudre et/ou le pralin. Plantez un biscuit Mikado ou un pic en bois dans chacune d'elles.

3 . Placez une heure au congélateur avant de déguster.

Un peu de culture...

Le choix de la noix de coco ne s'improvise pas : préférez un fruit lourd, plein, sans fêlures. Ses yeux (les trois cavités qui apparaissent sur sa coque) doivent être intacts et sans moisissure. Ouverte, la noix de coco s'oxyde vite et doit être conservée à l'abri de l'air dans de l'eau fraîche. Un conseil : râpez-en la chair et conservez-la dans un récipient hermétique, vous pourrez ainsi l'utiliser pendant plusieurs mois.

Glace fior di latte

Ingrédients

- 100 g de sucre glace
- 1 sachet de sucre vanillé
- 1 blanc d'œuf
- 50 cl de crème fraîche épaisse
- 50 cl de lait
- sel

POUR 1 L DE GLACE
PRÉPARATION : 5 MN
CUISSON : 5 MN

Biscuits de l'écureuil :

- 100 g de sucre en poudre
- 150 g de sucre glace
- 5 blancs d'œufs
- 100 g de poudre de noisettes
- 80 g de poudre d'amandes
- 50 g de noix concassées
- 25 g de pralin

POUR 20 BISCUITS
PRÉPARATION : 15 MN
CUISSON : 15 MN

1 . Dans un petit bol, battez le blanc d'œuf en neige avec une petite pincée de sel.

2 . Dans une casserole, mélangez le lait, la crème fraîche épaisse, le sucre glace, le sucre vanillé et le blanc d'œuf en neige. Faites chauffer jusqu'au premier frisson. Laissez refroidir à température ambiante puis placez au réfrigérateur pendant une heure ou deux.

3 . Versez la préparation dans une sorbetière et enclenchez le programme adéquat. Transvasez la glace obtenue dans le récipient de votre choix et placez au congélateur pendant au moins 3 heures.

4 . Servez accompagné de biscuits de l'écureuil. Et éventuellement de pastilles de chocolat, d'éclats de caramel, d'amandes et de noisettes concassées.

Biscuits de l'écureuil

1 . Préchauffez le four à 180 °C (thermostat 6). Battez deux blancs d'œufs jusqu'à ce qu'ils moussent. Ajoutez le pralin, la poudre de noisettes, la poudre d'amandes, les noix concassées et le sucre glace.

2 . Montez les trois blancs d'œufs restants avec le sucre en poudre.

3 . Mélangez les deux préparations.

4 . Sur une plaque à four recouverte de papier sulfurisé, faites des petits tas de pâte. Faites cuire au four pendant 15 minutes environ.

Un peu de culture...

La glace *fior di latte* vient, comme son nom l'indique, tout droit d'Italie. Une glace à la crème, douce et onctueuse. En Italie, elle est généralement dégustée crémeuse : sortez-la 15 minutes avant le service et remuez-la avant de la placer dans les coupes.

Glace caramel beurre salé

Ingrédients

- 125 g de sucre
- 3 jaunes d'œufs
- 50 cl de lait
- 15 cl de crème fraîche liquide

Caramel :

- 125 g de sucre
- 40 g de beurre demi-sel
- 5 cl de crème fraîche liquide

POUR 75 CL DE GLACE
PRÉPARATION : 10 MN
CUISSON : 20 MN

Pommes cuites épicées :

- 4 pommes un peu acidulées (type Chantecler)
- 2 cuillères à soupe de sucre roux
- 1 noix de beurre
- 1 étoile de badiane
- 1 cuillère à café de quatre-épices

PERSONNES : 6
PRÉPARATION : 10 MN
CUISSON : 15 MN

1 . Préparez le caramel : dans une casserole, versez le sucre, le beurre demi-sel et 3 centilitres d'eau. Faites cuire jusqu'à obtention d'une belle couleur ambrée. Retirez alors la casserole du feu et ajoutez progressivement la crème fraîche liquide sans cesser de remuer.

2 . Faites bouillir le lait dans une casserole.

3 . Préparez une crème anglaise au caramel : dans un grand bol, battez les jaunes d'œufs avec le sucre jusqu'à ce que le mélange blanchisse. Versez le lait bouillant sur le caramel, mélangez, puis versez sur le mélange jaunes d'œufs et sucre en continuant de fouetter. Remettez à cuire à feu doux tout en remuant en 8 avec une cuillère en bois. Faites cuire à la nappe : sur la cuillère nappée de crème, le doigt passé laisse une marque nette.

4 . Débarrassez dans un saladier, ajoutez la crème fraîche liquide et mélangez bien. Laissez refroidir à température ambiante puis placez au réfrigérateur pendant une bonne heure.

5 . Versez la préparation dans une sorbetière et enclenchez le programme adéquat. Transvasez la glace obtenue dans le récipient de votre choix et placez au congélateur pendant au moins 3 heures.

Pommes cuites épicées

1 . Épluchez les pommes, retirez-en le cœur et coupez-les en tranches d'épaisseur moyenne.

2 . Faites fondre le beurre. Ajoutez le sucre roux puis les pommes. Ajoutez ensuite le quatre-épices et l'étoile de badiane. Laissez revenir 15 minutes environ.

3 . Servez tiède avec de la glace caramel.

Glace nougat et coulis de mangue

Ingrédients

- 200 g de nougat blanc
- 100 g de sucre
- 6 jaunes d'œufs
- 1 sachet de sucre vanillé
- 50 cl de lait
- 5 cl de crème fraîche liquide

POUR 50 CL DE GLACE
PRÉPARATION : 15 MN
CUISSON : 20 MN

Coulis de mangue :

- 2 mangues de taille moyenne
- 1 cuillère à soupe de sucre
- le jus d'½ citron vert

POUR 6 PERSONNES
PRÉPARATION : 10 MN

1 . Dans une casserole, portez à ébullition le lait avec le sucre vanillé.

2 . Préparez une crème anglaise : dans un grand bol, battez les jaunes d'œufs avec le sucre jusqu'à ce que le mélange blanchisse. Versez le lait bouillant peu à peu tout en continuant de fouetter. Remettez à cuire à feu doux tout en remuant en 8 avec une cuillère en bois. Faites cuire à la nappe : sur la cuillère nappée de crème, le doigt passé laisse une marque nette.

4 . Débarrassez dans un saladier, ajoutez la crème fraîche liquide et mélangez bien. Laissez refroidir à température ambiante puis placez au réfrigérateur pendant une heure ou deux.

5 . Ajoutez le nougat blanc coupé en petits morceaux. Versez la préparation dans une sorbetière et enclenchez le programme adéquat. Transvasez la glace obtenue dans le récipient de votre choix et placez au congélateur pendant au moins 3 heures.

6 . Préparez le coulis de mangue : pelez les mangues et ôtez-en le noyau. Coupez-les en morceaux. Placez les morceaux de mangue, le sucre et le jus de citron vert dans le bol d'un mixeur. Faites tourner l'appareil quelques minutes jusqu'à obtention d'un coulis fin.

Un peu de culture...

Riche en fibres et en vitamines aux propriétés antioxydantes, la mangue fait partie des végétaux frais recommandés dans l'alimentation (comme le melon, la carotte et les légumes verts). Son « action prévention » lutte efficacement contre le vieillissement cellulaire prématuré.

Glace cookies et pralin

Ingrédients

- 12 cookies
- 3 jaunes d'œufs
- 20 g de sucre
- 50 g d'amandes concassées
- 40 cl de lait concentré sucré
- 50 cl de crème fraîche liquide

POUR 1 L DE GLACE
PRÉPARATION : 15 MN
CUISSON : 10 MN

Cornets :

- 150 g de sucre
- 110 g de farine
- 100 g de beurre
- 2 œufs
- 1 cuillère à café de vanille en poudre
- 15 cl de lait

POUR 12 CORNETS
PRÉPARATION : 10 MN
CUISSON : 15 À 20 MN

1 . Dans une poêle, faites griller les amandes avec le sucre. Laissez refroidir à température ambiante.

2 . Émiettez grossièrement les cookies. Préparez une chantilly non sucrée avec la crème fraîche liquide (voir page 68). Réservez-la au frais.

3 . Battez les jaunes d'œufs dans un grand saladier. Incorporez le lait concentré sucré, les amandes caramélisées et les biscuits écrasés. Ajoutez la crème Chantilly.

4 . Versez la préparation dans une sorbetière et enclenchez le programme adéquat. Transvasez la glace obtenue dans le récipient de votre choix et placez au congélateur pendant au moins 3 heures.

Cornets

1 . Préchauffez le four à 200 °C (thermostat 6/7). Dans une petite casserole, faites fondre le beurre. Mixez le sucre, les œufs, la vanille et le lait jusqu'à obtention d'une pâte homogène. Ajoutez le beurre sans arrêter de mixer. Versez ensuite la farine.

2 . Sur une plaque à four recouverte de papier sulfurisé, étalez de la pâte en plusieurs petites galettes. Faites cuire au four pendant 15 à 20 minutes.

3 . Confectionnez des cornets en papier cartonné. À la sortie du four, faites prendre aux galettes la forme d'un cornet en les appliquant sur les moules en carton, ou sur un autre support conique dont vous disposeriez.

Trucs et astuces

Réalisez des cornets de petite ou grande taille, selon vos envies. Pensez à verser du chocolat fondu au fond du cornet pour le rendre hermétique !

Ingrédients

- 200 g de pain d'épices
- 100 g de sucre roux
- 2 cuillères à soupe de miel
- 6 jaunes d'œufs
- 50 g d'amandes effilées
- 2 étoiles de badiane
- 60 cl de lait

POUR 75 CL DE GLACE
PRÉPARATION : 15 MN
CUISSON : 20 MN ENVIRON

Poires pochées aux épices :

- 4 poires Williams ou Conférence
- 100 g de sucre
- 2 clous de girofle
- 2 étoiles de badiane
- 1 bâton de cannelle

PERSONNES : 4
PRÉPARATION : 15 MN
CUISSON : 40 MN ENVIRON

Glace pain d'épices et amandes

1. Dans une poêle antiadhésive, faites griller les amandes effilées avec la moitié du sucre roux.

2. Dans une casserole, faites bouillir le lait avec les étoiles de badiane. Hors du feu, ajoutez le miel et le pain d'épices coupé en morceaux et laissez-le gonfler quelques minutes.

3. Préparez une crème anglaise : dans un grand bol, battez les jaunes d'œufs avec le reste de sucre roux jusqu'à ce que le mélange s'éclaircisse. Versez le lait bouillant additionné de pain d'épices peu à peu, tout en continuant de fouetter. Remettez à cuire à feu doux tout en remuant en 8 avec une cuillère en bois. Faites cuire à la nappe : sur la cuillère nappée de crème, le doigt passé laisse une marque nette.

4. Débarrassez dans un saladier. Laissez refroidir à température ambiante puis placez au réfrigérateur pendant une heure ou deux. Retirez les étoiles de badiane.

5. Versez la préparation dans une sorbetière pendant 30 minutes. Ajoutez les amandes grillées 5 minutes avant la fin. Transvasez la glace obtenue dans le récipient de votre choix et placez au congélateur pendant au moins 3 heures. Servez cette glace avec des poires pochées.

Poires pochées aux épices

1. Préparez un sirop : dans une grande casserole, mélangez 60 centilitres d'eau avec le sucre, les clous de girofle, la cannelle et la badiane. Portez à ébullition, laissez cuire à frémissement 5 minutes.

2. Retirez la casserole du feu, couvrez et laissez infuser.

3. Pelez les poires en les gardant entières et en laissant la queue. Déposez-les debout dans le sirop et faites-les pocher à feu doux pendant 30 minutes environ, jusqu'à ce qu'elles soient tendres.

Ingrédients

- 100 g de sucre
- 4 jaunes d'œufs
- 150 g de crème liquide
- 5 g de zestes d'orange
- 15 g de zestes d'orange confits
- ½ cuillère à café de noix muscade en poudre
- 3 cl d'eau de fleur d'oranger
- 50 cl de lait

POUR 75 CL DE GLACE
PRÉPARATION : 15 MN
CUISSON : 15 MN ENVIRON

Baklavas :

- 15 feuilles de pâte filo
- 50 g de sucre
- 100 g de miel liquide
- 100 g de beurre
- 275 g d'amandes
- 1 cuillère à soupe de cannelle en poudre
- 4,5 cl d'eau de fleur d'oranger

POUR 30 BAKLAVAS
PRÉPARATION : 15 MN
CUISSON : 20 MN

Glace fleur d'oranger

1 . Faites bouillir le lait et la crème dans une casserole. Hors du feu, ajoutez l'eau de fleur d'oranger et la noix muscade.

2 . Préparez une crème anglaise : dans un grand bol, battez les jaunes d'œufs avec le sucre jusqu'à ce que le mélange blanchisse. Versez le lait bouillant parfumé peu à peu, tout en continuant de fouetter. Remettez à cuire à feu doux tout en remuant en 8 avec une cuillère en bois. Faites cuire à la nappe : sur la cuillère nappée de crème, le doigt passé laisse une marque nette.

3 . Ajoutez les zestes d'orange et d'orange confits puis débarrassez dans un saladier. Laissez refroidir à température ambiante et placez au réfrigérateur pendant une heure ou deux.

4 . Versez la préparation dans une sorbetière et enclenchez le programme adéquat. Transvasez la glace obtenue dans le récipient de votre choix et placez au congélateur pendant au moins 3 heures.

Baklavas

1 . Préchauffez le four à 180 °C (thermostat 6). Dans un saladier, mélangez les amandes broyées grossièrement, le sucre, deux cuillères à soupe d'eau de fleur d'oranger et 50 g de beurre fondu pour obtenir une farce.

2 . Faites fondre les 50 g de beurre restants. Découpez les feuilles de pâte filo aux dimensions du plat. Beurrez-les une par une au pinceau, et empilez cinq d'entre elles. Étalez dessus la moitié de la farce, surmontez de cinq autres feuilles beurrées, ajoutez le reste de farce et terminez par les cinq feuilles restantes.

3 . Saupoudrez de cannelle. Avec un couteau bien affûté, découpez des carrés de la taille souhaitée. Enfournez 20 minutes environ.

4 . Faites chauffer le miel et le reste d'eau de fleur d'oranger dans une petite casserole. Versez la préparation sur les baklavas.

5 . Laissez refroidir et sécher une journée avant de déguster.

Glace thé vert matcha

Ingrédients

- 6 g de thé vert matcha en poudre
- 100 g de sucre
- 3 jaunes d'œufs
- 150 g de crème fraîche liquide
- 25 cl de lait

POUR 50 CL DE GLACE
PRÉPARATION : 15 MN
CUISSON : 20 MN

Carpaccio d'ananas et de mangue :

- 1 petit ananas pain de sucre
- 2 mangues
- 3 cuillères à soupe de sucre roux

PERSONNES : 4
PRÉPARATION : 15 MN

1 . Dans une casserole, portez à ébullition le lait et la crème fraîche liquide. Ajoutez le thé vert matcha et battez au fouet.

2 . Préparez une crème anglaise : dans un grand bol, battez les jaunes d'œufs avec le sucre jusqu'à ce que le mélange blanchisse. Versez le lait bouillant peu à peu tout en continuant de fouetter. Remettez à cuire à feu doux tout en remuant en 8 avec une cuillère en bois. Faites cuire à la nappe : sur la cuillère nappée de crème, le doigt passé laisse une marque nette.

3 . Débarrassez dans un saladier. Laissez refroidir à température ambiante puis placez au réfrigérateur pendant une heure ou deux.

4 . Versez la préparation dans une sorbetière et enclenchez le programme adéquat. Transvasez la glace obtenue dans le récipient de votre choix et placez au congélateur pendant au moins 3 heures.

5 . Accompagnez d'un carpaccio d'ananas et de mangue.

Carpaccio d'ananas et de mangue

1 . Pelez les fruits. Ôtez le cœur de l'ananas et retirez le noyau des mangues. Coupez les fruits en très fines lamelles, à l'aide d'un couteau bien tranchant.

2 . Saupoudrez le carpaccio de sucre roux.

Un peu de culture...

Le matcha est un thé vert produit au Japon et utilisé pour la cérémonie du thé. Il se présente sous forme d'une très fine poudre. Il est préparé d'une manière toute particulière : battu dans de l'eau chaude. Remplissez le bol d'eau bouillante pour le chauffer, donnez quelques tours de fouet à thé pour chauffer également ce dernier, jetez l'eau. Mettez 2 grammes de matcha dans le bol. Versez dessus 6 centilitres d'eau à 80 °C (frémissante). Fouettez jusqu'à obtenir une mousse onctueuse.

Ingrédients

- 6 yaourts à la vanille
- 8 cuillères à soupe de miel
- 100 g de cassis
- 30 g de sucre

PERSONNES : 8
PRÉPARATION : 10 MN

Yaourt vanille miel cassis

1 . Videz les pots de yaourt dans le bac de la sorbetière et enclenchez le programme adéquat.

2 . Mixez les cassis avec le sucre afin d'obtenir un coulis.

3 . Remplissez huit récipients individuels de sorbet yaourt. Versez par-dessus une cuillère à soupe de miel.

4 . Ajoutez une couche de coulis au cassis et placez au congélateur pendant au moins 3 heures.

Ingrédients

- 6 yaourts au citron
- 3 oranges
- 4 cuillères à soupe de zestes de citron confits
- 1 cuillère à café de curcuma
- 10 cl de sirop de citron
- 10 cl de crème fraîche liquide

PERSONNES : 6
PRÉPARATION : 15 MN

Glace yaourt citron et curcuma

1 . Versez les yaourts au citron, la crème fraîche liquide et le sirop de citron dans un saladier.

2 . Ajoutez les zestes de citron confits et le curcuma.

3 . Versez la préparation dans une sorbetière et enclenchez le programme adéquat.

4 . Transvasez la glace obtenue dans le récipient de votre choix et placez au congélateur pendant au moins 3 heures.

5 . Servez la glace yaourt accompagnée de rondelles d'orange.

Petits-suisses glacés aux framboises

Ingrédients

- 12 petits-suisses
- 125 g de framboises
- 100 g de sucre
- 4 cuillères à soupe de sirop de framboise

POUR 12 PETITS-SUISSES
PRÉPARATION : 10 MN

Mini-palmiers :

- 1 pâte feuilletée au beurre
- 100 g de sucre

POUR 12 PALMIERS
PRÉPARATION : 15 MN
CUISSON : 20 MN

1 . Sortez les petits-suisses de leurs pots et versez-les dans le bol d'un mixeur.

2 . Ajoutez les framboises (réservez-en une douzaine), le sirop et le sucre. Mixez le tout.

3 . Rincez les pots des petits-suisses. Disposez une framboise au fond de chacun d'eux. Ajoutez la préparation.

4 . Plantez un bâtonnet ou une petite cuillère dans chaque pot. Placez 3 heures au congélateur.

5 . Vous pouvez les servir au goûter, accompagnés de mini-palmiers.

Mini-palmiers

1 . Préchauffez le four à 180 °C (thermostat 6).

2 . Étalez la pâte feuilletée et saupoudrez-la de sucre. Roulez-la sur elle-même jusqu'en son centre. Puis roulez l'autre moitié sur elle-même, également jusqu'au centre. En la coupant en tranches vous obtiendrez ainsi de petits palmiers.

3 . Placez-la 5 minutes au congélateur pour la rigidifier et faciliter la découpe.

4 . Détaillez le rouleau de pâte en tranches d'1 centimètre d'épaisseur. Disposez les palmiers sur une plaque à four recouverte de papier sulfurisé.

5 . Faites cuire au four pendant 20 minutes environ.

Ingrédients

- 1 kg de fraises
- 250 g de sucre
- le jus d'1 citron

POUR 1 L DE SORBET
PRÉPARATION : 10 MN
CUISSON : 5 MN

Petites charlottes glacées aux fraises :

- 50 cl de sorbet fraise
- 1 barquette de fraises (accompagnement)
- 50 g de brisures de meringue
- 20 boudoirs
- 3 cuillères à soupe de liqueur de fraise ou sirop de fraise

PERSONNES : 6
PRÉPARATION : 20 MN

Sorbet fraise

1 . Préparez un sirop : dans une grande casserole, mélangez 30 centilitres d'eau avec le sucre. Portez à ébullition, laissez cuire à frémissement 5 minutes. Laissez refroidir à température ambiante.

2 . Nettoyez les fraises, équeutez-les et coupez-les en deux.

3 . Mixez les fruits avec le jus de citron et le sirop.

4 . Versez la préparation dans une sorbetière et enclenchez le programme adéquat. Transvasez le sorbet obtenu dans le récipient de votre choix et placez au congélateur pendant au moins une heure.

Petites charlottes glacées aux fraises

1 . Tapissez des petits moules individuels de film alimentaire en le laissant bien déborder. Sortez la glace du congélateur pour qu'elle ramollisse légèrement.

2 . Trempez rapidement les boudoirs dans un mélange de liqueur de fraise et d'eau.

3 . Disposez-les sur la paroi des moules. Disposez une généreuse couche de sorbet. Recouvrez de brisures de meringue puis de sorbet. Terminez par une couche de boudoirs trempés. Tassez bien. Refermez en rabattant les bords du film. Placez au congélateur pendant 1 à 2 heures.

4 . Au moment de servir, démoulez délicatement. Accompagnez de fraises et éventuellement de chantilly (voir recette page 68).

Sorbet citron

Ingrédients

- 300 g de sucre
- ½ gousse de vanille
- le zeste d'1 citron non traité
- 30 cl de jus de citron

POUR 50 CL DE SORBET
PRÉPARATION : 20 MN
CUISSON : 5 MN

1 . Préparez un sirop : dans une grande casserole, mélangez 30 centilitres d'eau avec le sucre, le zeste de citron et la demi-gousse de vanille fendue et grattée. Portez à ébullition. Laissez cuire à frémissement 5 minutes.

2 . Retirez du feu et filtrez à l'aide d'une passoire fine. Ajoutez le jus de citron.

3 . Laissez refroidir à température ambiante puis placez au réfrigérateur pendant une heure.

4 . Versez la préparation dans une sorbetière et enclenchez le programme adéquat. Transvasez le sorbet obtenu dans le récipient de votre choix et placez au congélateur pendant au moins 3 heures.

Variez les plaisirs !

Vous pouvez utiliser ce sorbet pour confectionner des citrons givrés. Pour cela, découpez un chapeau sur chaque citron puis creusez l'intérieur en retirant la pulpe (que vous réservez pour une autre préparation). Remplissez chacun d'eux de sorbet. Remettez le chapeau. Conservez au congélateur.

Ingrédients

- 1 ananas bien mûr
- 300 g de sucre
- le jus d'1 citron vert

POUR 75 CL DE SORBET
PRÉPARATION : 20 MN
CUISSON : 5 MN

Sorbet ananas

1 . Préparez un sirop : dans une grande casserole, mélangez le sucre avec 30 centilitres d'eau et portez à ébullition. Laissez cuire à frémissement 5 minutes. Laissez refroidir à température ambiante puis placez au réfrigérateur pendant une heure.

2 . Découpez l'ananas en six quartiers, retirez la partie dure du centre ainsi que les « yeux ». Découpez la chair en morceaux de taille moyenne. Mixez-les puis versez le tout dans le sirop. Ajoutez le jus de citron vert et mélangez.

3 . Versez la préparation dans une sorbetière et enclenchez le programme adéquat. Transvasez le sorbet obtenu dans le récipient de votre choix et placez au congélateur pendant au moins 3 heures.

4 . Vous pouvez servir ce sorbet dans une coupe remplie de kiwi, fruit de la passion, mangue, banane... coupés en petits morceaux et ayant macéré dans un peu de rhum et de sucre.

Ingrédients

- 6 pêches
- 200 g de sucre
- le jus d'1 citron

POUR 75 CL DE SORBET
PRÉPARATION : 20 MN
CUISSON : 5 MN

Tuiles aux amandes :

- 100 g de sucre
- 60 g de beurre
- 40 g de farine
- 40 g d'amandes effilées
- 2 blancs d'œufs

POUR 10 TUILES
PRÉPARATION : 10 MN
CUISSON : 10 À 15 MN

Sorbet pêche

1 . Préparez un sirop : dans une grande casserole, mélangez le sucre avec 30 centilitres d'eau et portez à ébullition. Laissez cuire à frémissement 5 minutes. Laissez refroidir à température ambiante puis placez au réfrigérateur pendant une heure.

2 . Pelez les pêches, dénoyautez-les, écrasez-les pour en faire une purée ou mixez-les si vous préférez un sorbet plus fin. Ajoutez à cette préparation le sirop de sucre ainsi que le jus de citron.

3 . Versez la préparation dans une sorbetière et enclenchez le programme adéquat. Transvasez le sorbet obtenu dans le récipient de votre choix et placez au congélateur pendant au moins 3 heures.

4 . Servez avec un fond de confiture ou de gelée de groseille, quelques amandes grillées et des tuiles aux amandes.

Tuiles aux amandes

1 . Préchauffez le four à 180 °C (thermostat 6).

2 . Battez les blancs d'œufs légèrement, jusqu'à ce qu'ils moussent. Ajoutez le beurre ramolli, le sucre, les amandes et la farine.

3 . Sur une plaque à four recouverte de papier sulfurisé, confectionnez des petits tas de pâte. Espacez-les suffisamment pour qu'ils ne se collent pas les uns aux autres à la cuisson.

4 . Faites-les cuire au four pendant 10 à 15 minutes environ.

5 . Au sortir du four, enroulez les biscuits encore chauds autour d'un rouleau à pâtisserie, d'une bouteille en verre ou de toute autre forme de votre choix. Laissez refroidir.

6 . Conservez les tuiles dans une boîte en fer.

Sorbet pomme Granny

Ingrédients

- 6 pommes Granny Smith
- 1 citron
- 200 g de sucre
- 1 gousse de vanille

POUR 75 CL DE SORBET
PRÉPARATION : 20 MN
CUISSON : 5 MN

Coupe au calvados :

- 8 boules de sorbet pomme
- 2 pommes Granny Smith
- 1 noix de beurre
- 4 cuillères à soupe de calvados

PERSONNES : 4
PRÉPARATION : 10 MN
CUISSON : 10 MN

1 . Préparez un sirop : dans une grande casserole, mélangez le sucre avec 50 centilitres d'eau. Ajoutez la gousse de vanille fendue et grattée. Portez à ébullition. Laissez cuire à frémissement 5 minutes. Laissez refroidir à température ambiante puis placez au réfrigérateur pendant une heure.

2 . Rincez les pommes sous l'eau, évidez-les, coupez-les en petits morceaux, avec leur peau. Citronnez-les. Mixez finement la moitié des pommes au robot.

3 . Ajoutez l'autre moitié des pommes puis le sirop.

4 . Versez la préparation dans une sorbetière et enclenchez le programme adéquat. Transvasez le sorbet obtenu dans le récipient de votre choix et placez au congélateur pendant au moins 3 heures.

5 . Servez arrosé de calvados en trou normand ou dans une coupe pour le dessert.

Coupe au calvados

1 . Pelez les pommes, enlevez les pépins et coupez-les en tranches d'épaisseur moyenne.

2 . Faites-les cuire dans une poêle avec une noix de beurre, jusqu'à ce qu'elles soient moelleuses.

3 . Laissez-les refroidir à température ambiante.

4 . Placez les pommes au fond des coupes. Ajoutez deux boules de sorbet pomme.

5 . Arrosez de calvados.

Sorbet figue

Ingrédients

- 500 g de figues
- 100 g de sucre
- 25 cl de jus d'orange
- le jus d'1 citron

POUR 75 CL DE SORBET
PRÉPARATION : 15 MN
CUISSON : 5 MN

Coupes au sirop d'érable :

- 125 g de farine
- 125 g de sucre roux
- 125 g de beurre
- 125 g de sirop d'érable
- 1 cuillère à café de gingembre en poudre

POUR 12 COUPES
PRÉPARATION : 10 MN
CUISSON : 9 À 10 MN

1 . Lavez les figues, coupez-les en petits morceaux. Dans une casserole, faites-les cuire avec le sucre et les jus de citron et d'orange durant 5 minutes.

2 . Mixez et laissez refroidir à température ambiante puis placez au réfrigérateur pendant une heure.

3 . Versez la préparation dans une sorbetière et enclenchez le programme adéquat. Transvasez le sorbet obtenu dans le récipient de votre choix et placez au congélateur pendant au moins 3 heures.

4 . Vous pouvez servir ce sorbet avec des figues fraîches, dans une coupe au sirop d'érable.

Coupes au sirop d'érable

1 . Préchauffez le four à 180 °C (thermostat 6).

2 . Dans une petite casserole, faites fondre le beurre à feu doux avec le sucre et le sirop d'érable. Ajoutez la farine et le gingembre en poudre et remuez bien.

3 . Recouvrez une plaque à four de papier sulfurisé. Disposez des petits tas bien espacés et faites cuire au four pendant 9 à 10 minutes, en surveillant attentivement.

4 . Dès la fin de la cuisson, moulez ces tuiles sur des coupes retournées, afin de leur en donner la forme.

5 . Après quelques minutes les biscuits sont froids : ôtez-les de leur support. Vous pouvez les conserver dans une boîte hermétique pendant une à deux semaines.

Ingrédients

- 250 g de sucre
- 750 ml de jus d'orange
- le jus d'1 citron

POUR 75 CL DE SORBET
PRÉPARATION : 10 MN

Moelleux au chocolat :

- 200 g de chocolat noir
- 150 g de beurre
- 120 g de sucre
- 100 g de farine
- 4 œufs

POUR 12 VERRINES
PRÉPARATION : 10 MN
CUISSON : 10 MN

Sorbet orange

1 . Dans un grand bol, mélangez le jus d'orange avec le jus de citron et le sucre. Remuez bien pour faire dissoudre ce dernier.

2 . Versez la préparation dans une sorbetière et enclenchez le programme adéquat. Transvasez le sorbet obtenu dans le récipient de votre choix et placez au congélateur pendant au moins 3 heures.

3 . Servez dans des verrines de moelleux au chocolat. Nappez éventuellement de chocolat fondu.

Moelleux au chocolat

1 . Préchauffez le four à 180 °C (thermostat 6).

2 . Faites fondre le chocolat avec le beurre au bain-marie.

3 . Hors du feu, ajoutez le sucre, la farine et les œufs un à un. Versez dans des verrines légèrement beurrées.

4 . Faites cuire au four pendant 10 minutes environ. Le centre des gâteaux doit rester moelleux.

Ingrédients

- 500 g de chair de mangue
- 125 g de sucre
- 1 morceau de gingembre frais de 2 cm environ
- le jus d'½ citron

POUR 75 CL DE SORBET
PRÉPARATION : 10 MN
CUISSON : 5 MN

Gratin de bananes épicé :

- 4 bananes
- 100 g de sucre roux
- 15 g de beurre
- 4 œufs
- ½ cuillère à café de cannelle en poudre
- 20 cl jus d'orange
- 15 cl de crème fraîche liquide
- 5 cl de rhum

PERSONNES : 4 À 8
PRÉPARATION : 10 MN
CUISSON : 20 MN

Sorbet mangue gingembre

1 . Préparez un sirop : dans une grande casserole, mélangez le sucre avec 12 centilitres d'eau. Portez à ébullition. Laissez cuire à frémissement 5 minutes. Laissez refroidir à température ambiante puis placez au réfrigérateur pendant une heure.

2 . Pelez le gingembre frais et râpez-le finement. Pelez les mangues et retirez le noyau. Coupez-les en gros morceaux puis mixez-les.

3 . Ajoutez à la purée de mangues le jus de citron, le gingembre râpé et le sirop refroidi.

4 . Versez la préparation dans une sorbetière et enclenchez le programme adéquat. Transvasez le sorbet obtenu dans le récipient de votre choix et placez au congélateur pendant au moins 3 heures.

5 . Servez accompagné d'un gratin de bananes épicé.

Gratin de bananes épicé

1 . Préchauffez le four à 180 °C (thermostat 6).

2 . Pelez les bananes et coupez-les en deux sur leur longueur. Disposez-les dans un plat à gratin beurré.

3 . Dans un grand bol, fouettez les œufs, ajoutez le sucre, le rhum, le jus d'orange, la crème fraîche liquide et la cannelle.

4 . Versez le mélange sur les bananes. Faites cuire au four pendant 20 minutes. Servez tiède.

Sorbet melon à la rose

Ingrédients

- 800 g de chair de melon Cantaloup
- 3 cuillères à soupe de crème de rose (magasins de spiritueux, épiceries fines)
- 150 g de sucre
- le jus d'1 citron

POUR 75 CL DE SORBET
PRÉPARATION : 10 MN

1 . Pelez le melon, retirez-en les graines. Coupez la chair en morceaux et mixez-la.

2 . Ajoutez le sucre, le jus de citron et la crème de rose et mixez à nouveau quelques minutes.

3 . Versez la préparation dans une sorbetière et enclenchez le programme adéquat. Transvasez le sorbet obtenu dans le récipient de votre choix et placez au congélateur pendant au moins 3 heures.

5 . Servez ce sorbet accompagné de petites boules de différents melons (Cantaloup, melon d'Espagne), de pastèque...

Variez les plaisirs !

La crème de rose est alcoolisée (18 % d'alcool environ). Pour une glace à servir aux enfants, remplacez la crème de rose par du sirop de rose.

Ingrédients

- 3 poires
- 250 g de sucre
- 2 gousses de cardamome
- 2 clous de girofle

POUR 50 CL DE GLACE
PRÉPARATION : 15 MN
CUISSON : 1 H À 1 H 10

Coupes en caramel :

- 400 g de sucre
- huile neutre

POUR 6 COUPES
PRÉPARATION : 30 MN
CUISSON : 20 MN

Sorbet poire épicée

1 . Pelez les poires. Disposez-les dans une casserole, recouvertes d'eau. Ajoutez le sucre et faites chauffer pour pocher les fruits.

2 . Laissez cuire à découvert 30 à 40 minutes. Réservez les poires, faites réduire le sirop 30 minutes puis filtrez-le.

3 . Ôtez les trognons des poires. Mixez les fruits avec le sirop. Laissez refroidir à température ambiante puis placez au réfrigérateur pendant une heure.

4 . Placez la purée de poires avec les épices et 50 centilitres d'eau dans le bol du robot. Mixez environ 30 secondes, jusqu'à obtention d'un mélange mousseux.

5 . Versez la préparation dans une sorbetière et enclenchez le programme adéquat. Transvasez le sorbet obtenu dans le récipient de votre choix et placez au congélateur pendant au moins 3 heures.

6 . Servez dans des coupes en caramel.

Coupes en caramel

1 . Dans une casserole, faites chauffer 12 centilitres d'eau avec le sucre jusqu'à ce que vous obteniez du caramel. Lorsqu'il a la couleur désirée, retirez-le du feu et laissez-le refroidir une minute.

2 . Choisissez des bols de la forme souhaitée et enveloppez-les, à l'extérieur, de papier d'aluminium. Huilez le papier à l'aide d'un pinceau.

3 . Versez le caramel sur les bols retournés recouverts de papier d'aluminium. Laissez refroidir avant de décoller les coupes.

Ingrédients

- 200 g de framboises
- 100 g de brisures de meringue
- 2 cuillères à soupe de sucre
- 40 cl de crème fraîche liquide

PERSONNES : 8 À 10
PRÉPARATION : 20 MN

Vacherin express aux framboises

1 . Préparez la chantilly : placez la crème fraîche liquide et les ustensiles (bol et fouet du batteur) au réfrigérateur pendant 30 minutes ou au congélateur 10 à 15 minutes afin qu'ils soient bien froids.

2 . Versez la crème fraîche liquide dans le bol du batteur et fouettez à grande vitesse jusqu'à obtenir une crème Chantilly bien ferme. Ajoutez le sucre un peu avant d'arrêter le fouet.

3 . Nettoyez les framboises. Ajoutez les framboises et les brisures de meringue à la chantilly et remuez délicatement.

4 . Versez dans un moule habillé de papier d'aluminium et placez au congélateur au moins 3 heures.

5 . Servez accompagné éventuellement de quelques framboises.

Gâteau glacé chocolat marrons

Ingrédients

- 300 g de crème de marron
- 100 g de brisures de marron glacé
- quelques marrons glacés entiers
- 50 g de sucre glace
- 3 blancs d'œufs
- 25 cl de crème fraîche liquide
- sel

Génoise au chocolat :

- 125 g de sucre
- 110 g de farine
- 4 œufs
- 15 g de cacao en poudre tamisé
- sel

PERSONNES : 8 À 10
PRÉPARATION : 30 MN
CUISSON : 15 À 20 MN

1 . Dans un grand bol, montez les blancs d'œufs en neige ferme avec une pincée de sel.

2 . Préparez une chantilly non sucrée avec la crème fraîche liquide (voir page 68). Ajoutez le sucre glace un peu avant d'arrêter le fouet.

3 . Mélangez la chantilly à la crème de marron. Incorporez délicatement les blancs en neige et les brisures de marron glacé. Réservez au frais.

4 . Préparez la génoise au chocolat : préchauffez le four à 180 °C (thermostat 6). Cassez les œufs en séparant les blancs des jaunes.

5 . Fouettez les jaunes d'œufs avec le sucre jusqu'à ce que le mélange blanchisse. Ajoutez la farine et le cacao. Battez les blancs en neige avec une pincée de sel. Mélangez délicatement le tout.

6 . Versez la préparation sur une plaque à four recouverte de papier sulfurisé et faites cuire au four pendant 15 à 20 minutes. Laissez refroidir le gâteau à température ambiante.

7 . Habillez un moule à cake de papier sulfurisé. Découpez des lamelles de génoise de la taille du moule à cake. Alternez les couches de génoise avec la préparation au marron.

8 . Décorez avec quelques marrons glacés entiers. Placez au congélateur pendant au moins 3 heures.

Nougat glacé au coulis de fruits rouges

Ingrédients

- 120 g de sucre
- 3 œufs
- 100 g de miel
- 80 g de pistaches nature entières
- 150 g d'amandes entières
- 50 cl de crème fraîche liquide
- sel

Coulis de fruits rouges :

- 400 g de fruits rouges de votre choix (framboises, fraises, cassis...)
- 100 g de sucre

PERSONNES : 8 À 10
PRÉPARATION : 40 MN
CUISSON : 5 MN

1 . Dans une poêle, faites dorer les pistaches et les amandes avec 50 g de sucre. Mixez le tout.

2 . Cassez les œufs en séparant les blancs des jaunes. Dans une petite casserole, faites chauffer le miel. Dans un grand bol, battez les blancs d'œufs en neige ferme avec une pincée de sel. Ajoutez-y le miel chaud.

3 . Dans un grand bol, battez les jaunes d'œufs avec le sucre restant jusqu'à ce que le mélange blanchisse.

4 . Préparez une chantilly non sucrée avec la crème fraîche liquide (voir page 68). Mélangez les blancs en neige, les jaunes au sucre, la chantilly ainsi que les fruits secs mixés.

5 . Versez la préparation dans un moule à cake habillé de papier d'aluminium. Placez au congélateur, pendant au moins 3 heures.

6 . Juste avant de servir, préparez le coulis en mixant les fruits rouges et le sucre. Servez le nougat glacé accompagné de coulis de fruits rouges.

Variez les plaisirs !

Vous pouvez ajouter au nougat des fruits confits : cerises, écorces d'orange. Variez le parfum du coulis selon la saison, la mangue, l'abricot ou encore la pêche s'accordent très bien avec le nougat glacé.

Parfait glacé miel, gingembre et citronnelle

Ingrédients

- 120 g de sucre
- 120 g de mascarpone
- 5 œufs
- 60 g de miel
- quelques morceaux de gingembre confit
- 1 cuillère à café de gingembre en poudre
- 1 cuillère à café de citronnelle en poudre
- sel

PERSONNES : 8
PRÉPARATION : 15 MN
CUISSON : 5 MN

1 . Cassez les œufs en séparant les blancs des jaunes. Battez les jaunes d'œufs avec le sucre jusqu'à ce que le mélange blanchisse.

2 . Dans une petite casserole, faites fondre le miel. Ajoutez-le au mélange à base d'œufs, ainsi que le mascarpone et les épices.

3 . Battez les blancs d'œufs en neige ferme avec une pincée de sel. Incorporez-les délicatement au mélange précédent.

4 . Versez dans des ramequins individuels, ajoutez éventuellement un morceau de gingembre confit sur le dessus, et placez au congélateur pendant 2 à 3 heures.

Un peu de culture...

La citronnelle donne aux plats une note citronnée. C'est un ingrédient traditionnel des cuisines asiatiques. On peut l'utiliser en marinade (poisson, viande) ou pour aromatiser le thé vert à la menthe, comme cela se fait au Maroc.

Granité pamplemousse rose au gingembre

Ingrédients

- 100 g de sucre
- 50 cl de jus de pamplemousse frais
- 1 morceau de gingembre frais de 2 cm environ
- 1 cuillère à café de gingembre en poudre

PERSONNES : 6
PRÉPARATION : 10 MN

1 . Faites dissoudre le jus de pamplemousse dans le sucre.

2 . Pelez le gingembre frais et râpez-le finement.

3 . Ajoutez le gingembre en poudre et le gingembre frais au jus de pamplemousse.

4 . Laissez macérer une heure puis filtrez la préparation.

5 . Versez dans un récipient assez ouvert, afin de pouvoir ensuite en gratter facilement la surface, et placez au congélateur pendant 1 h 30 environ.

6 . Grattez la préparation à l'aide d'une fourchette et replacez au congélateur. Répétez l'opération 30 minutes plus tard.

7 . Servez dans de grands verres.

Un peu de culture...

Le gingembre est une plante tropicale proche de l'orchidée, originaire d'Inde. Pour les Indiens, c'est la plante fondamentale, le remède universel. Le gingembre évite la nausée et les vomissements provoqués par le mal des transports, la grossesse... Il soulage également les troubles digestifs mineurs. Il permet de lutter contre les symptômes du rhume et de la grippe, la migraine et les douleurs rhumatismales.

Granité de thé à la menthe

Ingrédients

- 150 g de sucre
- 6 cuillères à soupe de thé vert
- 1 bouquet de menthe fraîche

PERSONNES : 6 À 8
PRÉPARATION : 15 MN
CUISSON : 10 MN

1 . Faites bouillir 50 centilitres d'eau. Placez le thé vert et le bouquet de menthe dans une théière. Ébouillantez-les et laissez infuser une dizaine de minutes.

2 . Filtrez. Ajoutez le sucre et remuez bien afin de le faire dissoudre.

3 . Laissez refroidir à température ambiante puis versez dans un récipient assez ouvert, afin de pouvoir ensuite en gratter facilement la surface, et placez au congélateur pendant 1 h 30 environ.

4 . Grattez la préparation à l'aide d'une fourchette et replacez au congélateur. Répétez l'opération 30 minutes plus tard.

5 . Servez dans de grands verres.

Trucs et astuces

Saviez-vous que quelques feuilles de menthe fraîche jetées dans l'eau d'un vase font durer le bouquet plus longtemps ? Si vous habitez en appartement, n'hésitez pas à cultiver de la menthe sur votre balcon. C'est une plante robuste qui prolifère ! Plutôt que de la semer, procurez-vous des tiges fraîches et placez-les dans un verre d'eau jusqu'à ce que des racines se forment. Vous pourrez alors les mettre en terre.

Ingrédients

- 30 cl de café espresso
- 50 g de sucre
- le zeste d'1 orange non traitée

PERSONNES : 6
PRÉPARATION : 15 MN
CUISSON : 5 MN

Granité au café parfumé à l'orange

1 . Préparez un sirop : dans une grande casserole, mélangez 10 centilitres d'eau avec le sucre. Portez à ébullition puis laissez cuire à frémissement 5 minutes. Laissez refroidir à température ambiante.

2 . Faites infuser le zeste d'orange dans l'espresso bien chaud, jusqu'à refroidissement. Filtrez la préparation.

3 . Mélangez le café avec le sirop.

4 . Versez dans un récipient assez ouvert, afin de pouvoir ensuite en gratter facilement la surface, et placez au congélateur pendant 1 h 30 environ.

5 . Grattez la préparation à l'aide d'une fourchette et replacez au congélateur. Répétez l'opération 30 minutes plus tard.

6 . Servez dans de grands verres.

Un peu de culture...

Le café est originaire d'Éthiopie. On raconte une belle légende sur sa découverte : lors d'un incendie de forêt, les caféiers en feu dégagèrent une délicieuse odeur. Les témoins de cet incendie récupérèrent les grains brûlés par le feu, les écrasèrent et les firent cuire afin d'en réaliser une boisson. Le café était né.

Granité clémentine anis étoilé

Ingrédients

- 100 g de sucre
- 50 cl de jus de clémentine
- 3 étoiles de badiane

PERSONNES : 6 À 8
PRÉPARATION : 10 MN
CUISSON : 5 MN

1 . Préparez un sirop : dans une grande casserole, mélangez 10 centilitres d'eau avec le sucre. Ajoutez les étoiles de badiane et portez à ébullition. Laissez cuire à frémissement 5 minutes. Laissez refroidir à température ambiante puis placez au réfrigérateur pendant une heure.

2 . Ajoutez le jus de clémentine.

3 . Versez dans un récipient assez ouvert, afin de pouvoir ensuite en gratter facilement la surface, et placez au congélateur pendant 1 h 30 environ.

4 . Grattez la préparation à l'aide d'une fourchette et replacez au congélateur. Répétez l'opération 30 minutes plus tard.

5 . Servez dans de grands verres.

Un peu de culture...

L'anis étoilé, ou badiane, est une épice mais aussi une plante médicinale utilisée pour lutter contre les troubles gastro-intestinaux, contre la toux, les refroidissements et la mauvaise haleine.

Glaçons basilic

Ingrédients

- 150 g de sucre
- 1 blanc d'œuf
- 1 gros bouquet de basilic
- le jus d'1 citron
- sel

POUR 30 GLAÇONS
PRÉPARATION : 10 MN
CUISSON : 5 MN

Soupe de fraise :

- 500 g de fraises
- 50 g de sucre glace
- 10 cl de jus d'orange

PERSONNES : 6
PRÉPARATION : 10 MN

1 . Préparez un sirop : dans une grande casserole, mélangez le sucre avec 50 centilitres d'eau. Portez à ébullition. Laissez cuire à frémissement 5 minutes. Laissez refroidir à température ambiante puis placez au réfrigérateur pendant une heure.

2 . Ôtez les tiges du basilic, lavez les feuilles. Mixez-les avec le jus de citron. Battez le blanc d'œuf en neige avec une pincée de sel.

3 . Mélangez le sirop, le basilic mixé et le blanc en neige.

4 . Versez dans des bacs à glaçons et placez au congélateur pendant au moins 3 heures.

Soupe de fraise

1 . Nettoyez les fraises puis équeutez-les.

2 . Mixez-les avec le sucre glace et le jus d'orange.

3 . Servez dans des verres avec les glaçons au basilic.

Trucs et astuces

Préparez les fraises au dernier moment afin qu'elles ne perdent pas leurs vitamines. Pour les nettoyer, ne les faites jamais tremper et évitez de les équeuter avant de les rincer, elles se gorgeraient d'eau. Ne les servez pas trop froides, elles perdent de leur arôme.

Ingrédients

- 7 cl de sirop de menthe
- 7 cl de sirop de grenadine
- 7 cl de sirop d'anis

POUR 6 ESQUIMAUX
PRÉPARATION : 10 MN

Glaçons aux sirops

1 . Mélangez chaque sirop à 7 centilitres d'eau.

2 . Versez la menthe à l'eau au fond des moules à esquimaux. Placez 3 heures au congélateur.

3 . Sortez les esquimaux et versez l'anis à l'eau par-dessus la menthe déjà prise. Placez 3 heures au congélateur.

4 . Sortez à nouveau les esquimaux et complétez-les avec la grenadine à l'eau.

5 . Plantez les bâtonnets au centre de chaque esquimau et placez au congélateur 3 heures de plus.

Ingrédients

- 20 cl de jus de fraise, ou environ 300 g de fruits frais à centrifuger
- 20 cl de jus de framboise, ou environ 300 g de fruits frais à centrifuger
- 20 cl de jus de raisin, ou environ 300 g de fruits frais à centrifuger
- sucre (facultatif)

POUR 25 GLAÇONS
PRÉPARATION : 15 MN

Glaçons aux fruits frais

1 . Si vous utilisez des fruits frais, passez les séparément à la centrifugeuse pour obtenir des jus.

2 . Sucrez-les à votre convenance, la framboise nécessite un ajout de sucre, le raisin non.

3 . Versez les jus dans des bacs à glaçons et placez-les au congélateur pendant au moins 3 heures.

Trucs et astuces

Ces glaçons peuvent aromatiser une eau gazeuse ou un jus de fruit. Si les enfants souhaitent les déguster comme des esquimaux, plantez-y un bâton avant congélation.

Ingrédients

- 45 g de sucre
- 15 cl de jus d'orange
- 15 cl de jus de citron
- 15 cl de jus de pamplemousse

POUR 6 ESQUIMAUX
PRÉPARATION : 10 MN

Esquimaux aux agrumes

1 . Ajoutez 15 grammes de sucre à chaque jus de fruit. Mélangez bien chaque préparation afin de dissoudre le sucre.

2 . Versez le jus d'orange au fond des moules à esquimaux. Placez 3 heures au congélateur.

3 . Sortez les esquimaux et versez le jus de citron par-dessus l'orange déjà prise. Placez 3 heures au congélateur.

4 . Sortez à nouveau les esquimaux et complétez-les avec le jus de pamplemousse.

5 . Plantez les bâtonnets au centre de chaque esquimau et placez au congélateur 3 heures de plus.

Variez les plaisirs !

Vous pouvez, sur le même principe, vous amuser à confectionner des esquimaux aux multiples saveurs : assortiment de fruits rouges, fruits d'été (abricot, pêche, raisin)...

Ingrédients

Glaçons citron curcuma

- 15 g de sucre
- 1 pincée de curcuma
- 15 cl de jus de citron

POUR 10 GLAÇONS
PRÉPARATION : 10 MN

1 . Mélangez le jus de citron, le curcuma et le sucre avec 10 centilitres d'eau. Remuez bien afin de dissoudre le sucre.

2 . Versez le jus dans des bacs à glaçons et placez-les au congélateur pendant au moins 3 heures.

3 . Ces glaçons peuvent servir à agrémenter un verre d'eau gazeuse, un verre de rhum ou une orange pressée.

Un peu de culture...

Le curcuma est originaire du sud de l'Asie. Il est très utilisé en Inde où il entre dans la composition du curry. Ses utilisations et ses vertus sont nombreuses... Il est utilisé comme médicament traditionnel pour traiter les troubles digestifs, les ulcères gastriques ou encore les maladies de peau. Il sert également de teinture jaune orangé, pour le costume des moines par exemple.

Index

Accompagnements (salés et sucrés)

Coupes et récipients comestibles

Crèmes et coulis

Desserts glacés

Glaces (salées et sucrées)

Granités et glaçons (salés et sucrés)

Préparations diverses

Sorbets (salés et sucrés)

Yaourts glacés

Ingrédients principaux

Remerciements

L'auteur remercie Anna, Pénélope et Lucie Duval,
Christel Cousin et Anne-Françoise Majault,
Monique et Hervé Le Hingrat.

Note : Maïzena, Tabasco et Mikado sont des marques déposées ®.

Directrice de collection : Muriel Villebrun
Suivi éditorial : Béatrice Cordonnier
Correction : Agnès Tartevet
Conception graphique : Valérie Ferrer

Photogravure : Photogravure du Pays d'Oc (Nîmes, France)
Impression : Delo Tiskarna (Ljubljana, Slovénie), achevé d'imprimer mars 2009.

Dépôt légal : avril 2009
ISBN : 978-2-84350-308-5

Romain Pages Éditions
BP 82030 – 1A Parc Arnède
30 252 Sommières Cedex
France
e-mail : contact@romain-pages.com
site web : www.romain-pages.com

Romain Pages Publishing
Lincoln House – 300 High Holborn
London WC1V 7JH
United Kingdom
e-mail : enquiries@romain-pages.co.uk
site web : www.romain-pages.co.uk